# 벙어리 별

벙어리 별  이든시인선 146

**이호영** 시집

이든북

| 3집을 묶으며 |

 

1편과 2편의 시집에서 직업상 평생의 반을 타향에서 보낸 연유로 가족에 대한 그리움과 기다림의 굴레에서 벗어나지 못한 사랑노래 일색이었음을 알았을 때 아뿔싸!

이미 한 갑자를 돌았으니….

마음속엔 항상 그리움과 기다림으로 가득 차 아름다운 풍경을 놓치고 있었던 아쉬웠던 그림을 3편의 시집에서 일상의 손쉬운 단어로 편한 그림을 그려보려 하였습니다.

늦었지만 이제야 지저귀는 새들의 노래, 바람의 노래를 들을 수 있게 되고 반려 견, 반려 묘, 꽃들의 아름다운 몸짓이 눈에 들어오게 되었습니다.

아침에는 밤새 불던 바람이 흔들어놓은 참나무 밑에서 떨어진 상수리를 주워야겠습니다.

애처로운 졸작의 그림에 분칠, 덧칠 교정과 평론에 애써주신 홍인숙 교수님과 출판사에 감사드립니다.

2024년 계룡산자락 농막에서 *心溫* 이 호 영

| 차례 |

## 제1부

| | |
|---|---|
| 농막에서 1 | 13 |
| 농막에서 2 | 14 |
| 농막에서 3 | 16 |
| 농막에서 4 | 18 |
| 농막에서 5 | 20 |
| 농막에서 6 | 22 |
| 농막에서 7 | 23 |
| 무제 | 24 |
| 석양 | 25 |
| 일상의 밤 | 26 |
| 중병重病 | 27 |
| 그림자 | 28 |
| 외톨이 산 | 30 |
| 관촉사 | 31 |
| 논산역 | 32 |
| 벙어리 별 | 33 |
| 초사흘 | 34 |
| 마실 | 35 |
| 목어 | 36 |
| 등운암 | 37 |
| 인연 | 38 |
| 석양 | 39 |
| 사랑 | 40 |

## 제2부

봄[知海]에게 43
수선화 44
봄 45
할미꽃 46
사월 48
보릿고개 49
목련 50
샤스터데이지 51
봄비 52
찔레꽃 53
접시꽃 54
금화규 56
담쟁이 57
하현달 58
억새 59
딱따구리 60
딱따구리 2 61

## 제3부

| | |
|---|---|
| 백로白露 | 65 |
| 가로등 | 66 |
| 가로등 2 | 67 |
| 가을 | 68 |
| 가을 2 | 69 |
| 가을 3 | 70 |
| 그믐달 | 71 |
| 호미를 씻으며 | 72 |
| 불침번 | 73 |
| 잔설 | 74 |
| 첫눈 | 75 |
| 겨울밤 | 76 |
| 한파 | 77 |
| 한파 2 | 78 |
| 첫눈 | 79 |
| 겨울밤 | 80 |
| 겨울밤 2 | 81 |
| 겨울 아침 | 82 |
| 겨울산 | 83 |
| 입동 | 84 |
| 송년 | 85 |

## 제4부

| | |
|---|---|
| 주도酒道 | 89 |
| 고주망태 | 90 |
| 혼술 | 91 |
| 치매 | 92 |
| 꿈 | 93 |
| 불면증에 고함 | 94 |
| 멍에 | 95 |
| 에스프레소espresso | 96 |
| 커피 | 97 |
| 회한 | 98 |
| 본능 | 99 |
| 누렁이 | 100 |
| 우시장 | 101 |
| 봄이 | 102 |
| 뱀 | 103 |
| 인연 | 104 |
| 로운*이 탄생을 축하하며 | 106 |
| 그곳에 가면 | 107 |

**작품 해설**

홍인숙 시인
시의 밭을 경작하는 기다림의 미학　108

제1부

# 농막에서 1

저녁 한 걸음
고추밭 풀 매다
바라본 하늘
아차차!
놓쳐버린 초승달
산 넘어 떨어졌고
구경하던 고양이
게으른 하품한다
오늘도 텃밭에서
충분히 놀았으니
그대에게 소식 한 줄
연필 한번 잡아 볼까나

# 농막에서 2

걸어온 길 뒤 돌아보며
낮에는 꽃과 채소 가꾸고
밤에는 조촐한 반주 한 잔의
여유로운 일상
자그마한 나의 마음 밭心田에
오늘 밤도 별은 총총히 뜨고
기러기 나르는 하늘
가을이 오는 길목에서
살가운 바람은
더없이 부드럽다

가을이 오는 밤
놀아 달라고 자꾸
상수리 열매 던지는
아름드리 참나무
그냥 잠들기는 아쉬워
따뜻한 마음으로
먹 갈고 붓 들어

하얀 백지 위에
세월이 오고 가는 소리
그려 보렵니다

## 농막에서 3

바다를 그리던 사람들은
한 달 제주 살기를 하며
바닷가 살기를 한다
산을 좋아했던 마음
미리부터 준비한 계룡산 밑
아담한 산골 살기를 시작했다
아침이면
아기자기한 조그만 산들이
푸르른 하늘 밑으로 조아리며
문안 인사를 하지
딱따구리 스님은 잊지 않고
아침, 저녁 공양을 드려준다
늦은 밤
무수히 많은 별이 길을 밝히면
부엉이 가던 길 멈추고
멋지게 노래한다
7개월 차 진돗개 봄이는
옆에서 귀만 쫑긋 세우고

꼬리로 박자 맞추지
아직, 산 기운 차갑지만
따뜻한 차 한 잔에
산기슭의 밤이 멋지다
밝게 흐르는 유성
하루의 막을 내리면
그래! 오늘도 멋진 하루였다
내일은 마실 나간 고양이들이
돌아오기를 기다리며
먹이 그릇에 사료 듬뿍
좋아하는 간식까지 섞어놓고
잠을 청해 본다

## 농막에서 4

작년 봄
서투른 농사꾼이
일찍 심은 고추모에
늦게 찾아온 서리가
냉해를 입히고 갔다
상쾌한 아침
아카시아 핀
오월의 초입
밭두둑 만들어
비닐을 씌웠다
따가운 햇볕
수그러드는 저녁에는
석양을 어깨에 멘 채
물 흠뻑 주고
고추모 심어야겠다
가자!
서서히 깊어지는
여름 속으로

녹음의 파도를 타고
매미의 노래를 들으러…

## 농막에서 5

애가 타
목이 쉰 뻐꾸기
종일 울어대는 호젓한 산골
겨울을 버텨낸 보리
이삭을 피워 올렸으니
분명, 봄이었다
계절은 싱겁게 지나가고 있었고
고들빼기 가녀린 꽃들도
지나가는 봄이 아쉬운 듯
노랗게 무리 지었다
여름이었지
푸성귀 가득한 텃밭
벌 나비 노니는데
이사 걱정하는 종달새
하늘 높이 올라 종알거리며
새 보금자리 찾는다
높은 가지 새순 찾아
고라니 경중경중 뛰듯

들쑥날쑥한 날씨
아직 밤기운 차갑지만
바람결 따라
노루꼬랑지 봄은 가고
뜨거운 여름의 시작이다

# 농막에서 6

못다 한
어제의 여운일랑
접어두고
그다지 다를 것 없는
오늘의 아침
바쁠 것 없는
느린 자유
따뜻하게 내린
커피 한 잔
오늘은 당신이 친구일세

# 농막에서 7

석양을 어깨에 메고
한 잔의 술을 마시노라
삼배통대도 일두합자연*
거창한 뜻은 없지만
오늘 하루 가을볕
내년을 기약하는
소소한 약속
마늘밭 일구며
피곤한 하루
한 병의 박주로 족하니
오늘은 일 끝냈으니
그대! 내일 오시게…

* 삼배통대도 일두합자연-이태백의 독작이란 싯귀 차용으로 석잔의
 술에 도를 통하고 한말의 술에 자연과 합치한다는 내용.

# 무제

한참이나
무엇엔가 홀린 듯
무의미하게
휘리릭 지나갔다
속에서 웅크린 채
비비 꼬여있던
연필심이
하얀 백지 위에서
거침없이 춤을 춘다

목구멍이 포도청이라고
산다는 것에 자유롭지 못한
이승의 살림살이가
만만치 않아
가슴에 품고 있던
나의 연필은
독기 어린 날만
썩썩
벼리고 있었다

## 석양

손톱만 한 산 밭뙈기
소일하다 지친 허리 펴면
뒷짐 진 등 뒤
구불구불 산길로
노을이 물든다

저녁 준비에
피어오르는
하얀 굴뚝 연기
능선에 번지는 구름은
소박한 산수화

수평선 지평선도 아닌
울퉁불퉁 키대로
맞추어서 어울리는
산촌의 노을은
타는 듯한 붉은 장미

# 일상의 밤

적막한 산골
밤새 불 밝혀놓고
기다려도
내 마음 흔드는
바람만 오고 가고
님 오지 않더라

혼자 기울이는 술잔
그리움은 더욱 깊어
밤하늘마저
시간을 잊었고
내리는 빗방울
그대인가 문 열어보네

## 중병重病

새들은 포란을 위해
가슴에 깃털을 뽑는다
오래전부터 가슴엔
뜨거운 불새 한 마리
둥지 틀어 살고 있어
깃털 하나 없는 민둥산
그대만 보면 뜨거운 날갯짓
아직도 쿵쾅거리는 심장
그대는 멀기만 하고
찬물 한 사발 벌컥벌컥
그래도 진정 안 되는
마음 온도 40°
이거 큰 병인가 보다

## 그림자

오늘 마구 밟힌 인생
아프게 찢긴 생채기
내일 꿈꾸는 아침엔
여린 새파란 잎

거친 바람 마구 헤집어
갈기갈기 흩어진 줄기
지난밤 내린 이슬
처음 당신이 있었구려

일상의 반복되는
모진 채찍질에도
꿋꿋이 버텨낸 세월
당신이 있었구려

젊은 한때
거침없는 산하
마구 달리던 그때
당신이 있었구려

세월은 무정하더이다
먼 산 바라보는 향수
낡은 의자의 허름한 현실
지금도 당신이었구려

다가오는 종착역
함께 걸은 평생의 그림자
그때도 당신이겠구려
고맙소이다

## 외톨이 산

차령산맥 끄트머리
오롯이 혼자인 계룡산
밤새 무섭게
할퀴던 비바람
산도 무서웠던 게지
참았던 울음
터질 듯한 외로움
토해낸 계곡엔
눈물 같은 빗줄기 가득
어깨 다독여 줄 형제
대둔산은 저만치 멀고
홀로 있는 계룡산
시퍼렇게 멍든 심사
으르렁으르렁
바윗돌만 울리며
움직일 수 없는
어쩔 수 없는 홑 산

# 관촉사

봉황이 둥지 틀었다던
포근한 둥우리
다정히 휘감는
안개비 부드럽다

흔들림 없는 눈빛
인자한 가슴으로
천년세월
지켜온 터줏대감

님 계신
아스라한 동쪽 하늘
등이라도 켜 두어야지
이마엔 촛불 한 촉 심었다

머리에 쓴 높은 관
말이 없는 은진미륵불은
지나가는 솔바람 소리
듣고만 있네

# 논산역

그 누구 부름 있어
한 번 건너야 할 강
피 끓는 청춘
하나만 가진 채
짧게 깎은 머리
사나이로 다시 태어나려
생전 처음 긴 이별
펄펄 끓는 젊음
가슴에 품고
조국의 부름 있어
꼭 한번 넘어야 할 산
논산역에 내렸지
그대 아시는가?
함성 들리는
황산벌의 충정을…

# 벙어리 별

사랑한다고
그 님 기다려
눈만 깜박깜박
말 한 마디 못 하는
천상의 벙어리
무심히 바라보는
이름 없는 한 개의 별
그대는 모르는 듯
오늘 밤도 애타는
눈짓만 반짝반짝

# 초사흘

살갑게 흔들리는
바람 서늘한 저녁
마실 나온 밤하늘
초승달 조각배는
귀여운 애기별 함께
선미에 불 밝히고
서쪽으로 흐른다

# 마실

마음의 때를 벗으러
신원사에 들렀지
사천왕상 앞
속세에서 묻은
티끌과 잡념 벗어놓고
절 마당 돌탑
한 바퀴 돌며
질긴 인연의 끈
던져버렸다

대웅전 가운데
가부좌로 앉은 주인장
그동안 안녕하셨는지
속세의 중생도
별 탈 없이 지냈다오
푸른 약수 한잔에
향 내음 부드럽고
티 한 점 없는 맑은 하늘
번뇌는 사치스럽더이다

# 목어

처마 끝
살랑이는 바람에
풍경은 노래하지
이승에서야
종에 매달린
물고기 형상
풍경소리 천 번 만 번
타고난 업 씻어
다음 생에 태어날
고운 인연 짓느라
바람 부는 대로 춤추며
맑은소리 뻐끔대는
기쁜 운명의 목어
바람아 불어다오
맑은 노래 부를 테니…

# 등운암

압정사라고도 했지
등운암일세
구름에 올랐다는 비경
올망졸망 어우러진
산봉우리 저 넘어
실 같은 금강 끝 언저리
파도 넘실대는
바다가 있다는
등운암에 들렀더니
신선은 출타 중이고
동자승 대신
청정한 향기 피워내는
머릿결 파란 소나무
세속에 찌든 인연
말없이 닦아주네

# 인연

인연이란 씨앗
바람에 날리는
민들레 홀씨
깃털같이 가볍게
처음 그대
마음 속 깊게
자리 잡았다.

# 석양

당기다 당기다 지쳐
놓아버린 해
서산으로 지고
땅거미 지는 산촌
행여
지나가는 바람
길 잃지 않게
대문 밖 등불 밝힌다.

# 사랑

눈 감으면 어른거리고
걷노라면 뒤 따라오고
이고 지고 안고
평생 보듬어야 할 업

제2부

# 봄[知海]에게

캄캄한 어둠 속
겨우내 기다렸다

먹 가는 소리
화선지 한 장

엉금엉금
여기저기 새 순

돋아나는
아차! 봄이로구나

화선지 한 폭
춤추는 붓

# 수선화

너를 위해
캄캄한 어둠
기나긴 동토의 겨울
모두 다 견디었다

눈부신
너를 위한
단 한 촉
겨우내 기다렸다

머지않은 봄
눈 마주쳐 줄
샛노란 수선화
아리게 보고 싶었다

# 봄

따사로운 햇볕
씀바귀
지칭개
냉이
그 넓은 하늘
못 볼까?
바짝 엎드려
하늘을 본다
안심한 듯
서로서로
노란 꽃부터 피워
키 재기하는 봄

# 할미꽃

양지바른 무덤가
보랏빛 작은 꽃
그리움을 키운다

살랑이는 바람에
흔들리는 꽃잎은
가여운 몸짓

말 못 하는 세월
등 굽은 허리는
지난 삶의 무게였을까?

꽃으로 환생한 이승
그리움이 하도 벅차
고개마저 휘어진 할미꽃

지난 추억은
모두 잊었네라
허리 휘도록 아픈 세월을

바람에 맡긴 따스한 햇빛

속절없는 무덤가

등 굽은 할미꽃

# 사월

메마른 계절
풀풀 날리는 황톳가루
너울너울 춤추고
진달래 철쭉
붉게 절규할 때
늙은 소나무
송홧가루 떠나보낼
이별을 준비하는
아픈 사월

# 보릿고개

깡보리밥
가난의 대명사
다 그런 줄 알았던
철없던 시절
보릿고개가 무언지
구황식물이 무언지
그땐 몰랐지
쌀이 없어서 그랬어?
에이 라면이라도 끓여 먹지 그랬어
기발한 대답에
그땐 다 그랬지
되뇌이며 웃음 짓지
아빠는 지금도
보리밥은 싫다

# 목련

기나긴 겨울
그립다 말 못 하고
승화시킨
기다림의 시간

청명한 봄날
순백의 향연
그대 위해
꽃으로 피었다

서러워라
이승의 짧은 인연
눈물 뚝뚝 흘리는
하얀 목련

북쪽 하늘 향해
받든 꽃봉오리
지고지순 순백
나무에 핀 하얀 연꽃

# 샤스터데이지

짧은 봄날
화려하게 수놓았던
샤스터데이지
모진 가뭄 속
무더기로 피어나
하늘거리는 몸짓으로
피로한 눈 씻겨주던
백설의 꽃잎
아름답구나!
너희들의 무도회
바람에 맞추어
흔들리는 춤사위에
시간은 잊었고
산 넘어가는 석양은
안타까운 붉은빛

# 봄비

휘파람 불며
가볍게 다가오는
그대 발자국 소리

시나브로 내리는
빗줄기 소리에
내다볼까 흔들리는 마음

굵어진 빗줄기는
양철지붕 두드리는
신나는 드러머

내다볼까 흔들렸던 마음
빗속에 흠뻑 젖은
춤 못 추는 맨발의 이사도라

# 찔레꽃

날카로운 가시로
중무장한 채
마디마디 불 밝힌
하얀 촛불
그래도 감출 수 없는
달콤한 향기에
취한 소쩍새
밤새 우는 오월
어느 틈
날카롭게
파고든 가시는
하얀 선혈 뚝뚝 흘리는
무더기 꽃으로 피었다

# 접시꽃

누군가를 그리워할 때
접시꽃을 떠 올린다지요

바깥소식 막아버린
도시의 담장이 미워서
층층이 꽃 피워
훌쩍 발돋움해 버린 접시꽃
그래도 당신은
보이지 않더군요

누군가는
먼 길 가는 그대에게
옷 한 벌 해주지 못해
미안했다지만
산골짜기 이곳에서는
그리움도 호사인가 봅니다

그리움도 병인 듯

행여 못 본 채 지나칠까
붉은 꽃, 하얀 꽃, 검은 꽃
신호등 삼아 심어놓은
길가에 접시꽃은 피었는데
무심한 구름만 내려다봅니다

# 금화규

성격 탓이었어
봄꽃은 무조건
하얀 목련이었고
여름 꽃은 붉은 장미였어
너를 알기 전엔
처음엔
네 잎을 보고
피마자인 줄 알았지
지리한 장마 끝나고
꽃봉오리 생기며
너의 정체 궁금했지
어느 날
아침 이슬 머금고 피어난
연한 노랑색의 파스텔톤
여리디여린 커다란 꽃송이
요염하지 않고 수수한
바람에 살랑이는
뭔 꽃이 이리 이쁘다냐
네 모습에 넋을 잃었다

# 담쟁이

연체 식물이었구나
저 혼자 설 수 없어
소나무에 기대
높은 곳 향해
하늘을 보려
기어오르는 담쟁이

오순도순 무리진
키 작은 싸리나무는
지들끼리 힘 보태
여리디여린
제 허리로 꼿꼿이
하늘을 받들고 있더구만

# 하현달

참나무 사이로 몰래
핼쑥해진 하현달
중천에 떠 있고
보고 싶은 마음은
처음부터 붉은데
하현달은
갈 길 정해진 지 오래

푸른 밤하늘에 떠있는
그대에게 취한 마음
허공에 외친들
그대가 알랴마는
듣는 듯 마는 듯
천천히 제 갈 길 가는
새벽달이 미워라

# 억새

봄날
여린 이파리
비바람 장대비
꺾이지 않으려 흔들렸다

여름
굽히지 않은 허리
치렁치렁 나부끼는
허연 머리칼

가을에야 보게 된 자화상
모진 세월 살아남은
허리 꼿꼿한
백발성성한 억새

겨울
바람 불어도 좋다
흔들리며 흔들리며
행복한 춤 출 테니…

# 딱따구리

계룡산 산자락
신원사 언저리
아침저녁
공양 예불드리는
청아한 목탁 소리
골짜기에 울리더라

얻어들은 귀동냥
몇 해인지?
딱따구리 조석공양
쪼아대는 소리
주지 스님 목탁 소리
빼닮았구나

# 딱따구리 2

얼핏 내 나이 보다 많은
소나무 참나무가 병풍처럼
어우러진 나의 밭에
아침저녁으로
목탁 하나 들고
딱따구리 스님이
공양 예불을 하러 온다
무슨 정성인가
아침저녁으로…
똑 똑 또르르르르
한참이나 나를 위해
예불을 드려주는
딱따구리 스님
소나무 참나무는 듣기만 하네

제3부

## 백로白露

한 뼘 높아진 하늘
눈치 빠른 새끼제비
이별 비행 연습에
날갯짓 바쁘더니
화려했던 벚꽃은
이파리마저 지웠다

맑은 이슬에
머리끝 살짝 염색한
먼발치 참나무
말쑥한 낮달에
제 그림자 비춰보는
가을은 성큼 다가선다

# 가로등

추분이 지났으니
밤이 점점 길어진다
어둠이 밀려오는
차가운 골목 귀퉁이
머리에 등불 밝히고
초병처럼 서 있다
밤마다
찬바람 눈비에도
눈 한 번 깜박이지 않고
그대 창가
밤새 뜬 눈으로
골목길 지키고 있다

# 가로등 2

그대 창문
열리지 않아도
행여
그 자리에
우두커니

단 한 번
창에 비치는
그대 그림자
보고 싶어
넌지시

그대 창가
마주보고 선 채
뿌리내린 그리움
가로등 혼자 바라본다
흐뭇이

# 가을

새벽녘 서늘한 기운에
발끝으로 이불 당기는
허허!
그대 따뜻한 품이
그리워지는 걸 보니
가을인가 보오

# 가을 2

가을이 오는 길목에
소슬한 바람 불더니
뒷 뜰 감나무엔
붉은 등 가지마다 밝혔다

# 가을 3

나뭇잎
곱게 화장하는 소리
귀 기울이다
뒤척이는 밤
어느샌가 가을은
창문 밖
하얀 반달로 떠 있고
기러기 한 무리
쪽빛 밤하늘
그림 속으로 깊어간다

# 그믐달

쬐끄만 산 하나
넘어오기 그리도
힘들었더냐?
부지런한 작은 별
무리지어
서쪽 능선에서
기다리고 있는데
새벽에야 발걸음 떼는
게으른 그믐달
단아한 자태도 잃고
부석부석 핼쑥한 얼굴
들켜서 미안한지
여명 속으로
슬그머니 스며든다

# 호미를 씻으며

찬 바람 불어오는
자그마한 밭
11월 마늘, 양파
심어놓고 돌아보니
겨울 내내 푸르를
시금치가
나 여기 있수
손짓한다

씨앗 모두 심었으니
호미 씻어 놓고
비 내리면 좋겠구먼…
뻐근한 허리 펴고
따뜻한 난롯가에
그대도 오시게나
도란도란 향기 좋은
차 한 잔 나누게

# 불침번

동짓달 기나긴
차가운 밤하늘
시들어버린 하현달

무장해제 당한 채
뜬 눈으로
지키고 서 있는 마당

서리 맞은 들고양이
멋쩍은 표정으로
유유히 제집 찾아간다

그려, 난 교대 없는
밤샘 근무자
그대는 퇴근하시게

# 잔설

나무라지 마라
아직은 하얀 눈이다
기세등등했던 겨울
가고 싶어 가는 게 아니다

산꼭대기 북쪽
돌아선 바위 밑
서릿발 날 세운 채
눈물 뚝뚝 흘려도
자투리땅
그늘진 응달에서
붉게 스러져 가도
아직은 하얀 눈이다

겨울을 밀어내는
따뜻한 봄바람 불어도
찌끄레기일지언정
아직은 하얀 눈이고 싶다

# 첫눈

빈 하늘
그림자도 없는데
하느님 배달부
내게로 온다
참나무 가지 끝 묶어둔
시키지도 않은
낡은 그리움 함께
내게로 온다
먼 곳
다가오는 기척 없이
너는 내 어깨
살포시 내려앉는다

# 겨울밤

기다리던 하얀 눈
오지 않는 밤하늘
겨울을 재촉하는
찬비 내리는구려
잠 못 드는 산골 촌부
아궁이 불씨 살려
장작 하나 던져 놓는
늦은 삼경

찬비 내리는 밤하늘
울며 나르는 기러기
아름드리 참나무 울창한
들깨 베어 낸 밭
피곤한 젖은 날개
오늘 밤 쉬었다
남쪽 하늘엔
비 그치면 가시게

# 한파

바다가 얼었다.
거시기도 얼었구
마음도 꽁꽁 얼었다
칼바람 서리서리
동장군 심술궂은
겨울 바다 더 춥다

## 한파 2

산촌에 매운 겨울
계곡마다 얼어붙은
얼음 폭포
바람은 예리한 창끝
밤새 떨며
암탉 지키던
수탉 한 마리 꿰뚫었다

# 첫눈

첫눈 내린 아침
약속은 없었지만
풍경소리 함께
찾아 올 그리운 사람
미투리 젖을까
사립문 앞 눈 치우며
가슴 벅찬
기다림 가득한
눈 내린 아침
그대 오시게나
따뜻한 난로가
마주 앉아
주저리주저리
담소 나누며
향긋한 꽃차
한잔 나누세

# 겨울밤

눈이 시리게
깊은 밤하늘
달은 빛나는 별
몇몇이랑 어울려
느리게 산책하고
바람 등쌀에 시달려
종일 노래하던
목어는 조용히
깊은 잠 자는데
잠 놓친 고라니
꺼이꺼이 울고 가는
그림 같은 산골의 밤

# 겨울밤 2

초저녁달은
산 넘은 지 오래
설픈 잠에서 깬 삼경
뜰 앞에 나섰더니
그리던 님 간 곳 없고
찬바람만 휘돌아
어이타! 하늘마저 검구나

# 겨울 아침

눈 내리는 아침
아직 오지 않은
그대와 함께
도란도란 나누고 싶은
따뜻한 차 한 잔

막연한 그리움을
창문에 걸었더니
언뜻언뜻 햇빛 사이
심술궂은 진눈깨비만
오고 가는 산골

새침데기 겨울 아침
익숙한 그림자를 기다려
정랑* 내려놓았으니
그대 차 한 잔 나누러
흰 눈 타고 오시게나

*정랑 : 제주도의 전통 문

# 겨울산

겨울 산
이파리 다 지운
벌거숭이
애처롭다

산꼭대기
까까머리 바위
얼마나 추웠는지
웅크린 채 꼼짝도 않네

겨우살이 만만치 않은
나무가 춥다고
바위가 맵다고
겨울엔 산도 운다

# 입동

절기는 벌써
가을 지나 겨울
찬 서리 매워지는데
산 넘어오시는 길
그 사람은 오지 않고
늦은 단풍에 취해
어느 골짜기 여울물에
붉은 낙엽만
띄워 보내시나요

# 송년

푸르른 여름 내내 못다 한
이야기보따리
아직 여미지 못했는데
계절은 바뀌어
앙상한 가지만 남은 겨울
그대 어디쯤 계신가?
계절이 오고 가듯
그대 내 마음속
자유롭게 들락날락

제4부

## 주도 酒道

부처님 가르침 중
해탈은
아무것도 남기지 않고
머무르지도 않는
흔적조차 없는
지나가는 바람
목구멍 넘긴
맑은 술
핏줄 타고 돌아
용솟음치더라도
비 맞은 중
염불하듯
젖은 듯 안 젖은 듯
마신 듯 안 마신 듯

## 고주망태

함께 나눈 한잔 술에
흔들리며 걷지 마시게
남겨진
어지러운 발자국
힘들면
내 어깨 기대시게
혹여
스쳐가는 이에게
비뚤어진 골목길
술주정 될 수 있음이니…

# 혼술

이 넓은 세상
나 혼자
끈 떨어진 그림자도
산 넘어 돌아갔고
씩씩한 화목난로
온기 피우느라 애쓰네
비워진 술병
쓰러져 잠들고
우리 못다 한 얘기일랑
내일 밝아오면
다시금
해장술 한잔 나누며
어울렁더울렁
세상 사는 이야기 나누세

# 치매

시나브로
쌓여버린 나잇살
총명했던 것도 한 때
새벽도 순간
한낮도 순간
찰나에 지나가고
내가 나비인지
나비가 나인지
잃어버리는 정신 줄
장자의 좌망坐忘\*이
멀리 있던 게 아니었네

\* 坐忘 : 앉은 자리에서 모두 잊어버린다. 장자의 대종사에 나오는 말로 득도의 일곱 단계 중 마지막 단계.

# 꿈

꿈속에 만났던
팔선녀는
아쉬움만 가득
성진인지
양소유인지
부질없는 티끌
용을 타고 승천하면
도에 이르겠는가?
비 오락가락하는 오후
반주로 마시는
박주 한잔만도 못한 道
그것도 부질없는 욕심

# 불면증에 고함

졸리믄 자고
안 졸리면 일햐
배부른 소리 하네

졸리면 자고
안 졸리면 책 보시게
커피에 차 한 잔
별나라 소리 마시고
뇌를 운동시키면
육체는 잠드나니

그저 졸리면 자고
안 졸리면 책 봐
우아한 소리 말고…

# 멍에

먹이 찾아
날갯짓 종일 한
비둘기 어깨는
밤새 누가 주물러 주나?
새순 찾아
바삐 뛰어다닌
가냘픈 고라니 발목
누가 찜질 해 줄까?
한세월
짊어진 어깨
성한 곳 없고
그림자처럼
붙어사는 통증
섣달그믐 기나긴 밤
시곗바늘 초침 소리는
비수가 되어 똑똑똑

## 에스프레소 espresso

황금빛 고운 거품
진하지 않은 탄 맛
쌉싸름한 초콜릿의 여운
찡그리지 않을 새콤한 살구
혀끝 감아 도는 끈적한 미련
앙증맞은 도기 잔에 담겨진
뜨겁던 첫사랑 같은 정열

# 커피

코끝 맴도는 향
혀를 따라 도는 절정
입술에 파고드는
따뜻한 전율 속에
사로잡힌 영혼
그대 때문에
밤을 잊었다

# 회한

걸어온 오솔길
뒤돌아보지 마시게
온통 미련
그리움뿐일세

돌아갈 수 없는 길
아쉬움에 젖지 마시게
생채기도 아무는 것
돌아보지 마시게

# 본능

낮은 밤을 잉태하고
밤은 낮을 만들었다
마당 귀퉁이
달빛 내리는 닭장엔
밤새 먹이를 쪼으는
부산한 암탉
그래도
천리를 깨우친 수탉은
새벽을 알리느라
꼬끼요오오오!

## 누렁이

큰 형아 대학 등록금
상아탑과 바꿀 밑천
가기 싫은 이별
누렁이도 아는 듯
자꾸 울어댄다

# 우시장

아버지는 손님과 한잔
해장하러 가시고
어린 손에 바투 쥔 고삐
연신 핥아 대는 송아지
팔려 갈 제 운명도 모른 채…

## 봄이

칠 개월 차 진돗개
덩치는 성견이다
교육이 안 되어
초친 메뚜기처럼
이리 뛰고 저리 뛴다
주인 발자국 소리는
귀신같이 알아들어
안아 달라고
먼발치에서부터
꼬리 흔든다
제 할 일은 아는지
사방 오십여 미터
움직임에 용감하게
짖어대는
우리 집 경비대장

# 뱀

길다란 몸뚱아리
팔도 없고 다리도 없어
대가리만 삐죽
혀만 날름날름
이쁜 곳이 하나도 없어
태초에 아담과 이브를 꼬드겨
선악과를 따 먹게 했다는 죄
형벌 받는 몸뚱아리
차라리 눈에 뵈지 않게
밤에만 돌아다니게 하던가
소름 끼친다
그래도 하느님!
원수까지도 사랑하라매요
오랜 시간
죗값 치렀으니
용서해 주시고
다음 생에는
이쁘게 만들어 주세요

# 인연
### — 아들의 결혼을 축하하며

그대가 내가 된다는 것
내가 그대가 된다는 것
태곳적부터
몇 겁의 세월
채곡채곡 쌓아둔 인연
지금 우리의 만남은
헤아릴 수 없는 최고의 축복
외날개로 나르던 비익조
한 쌍으로 만나
함께하는 날갯짓
아름답구나 젊은 청춘의 사랑!

그대가 내가 된다는 것
내가 그대가 된다는 것
다른 뿌리 같은 몸이 된다는 것
연리목이 되기 위한
수많은 세월 부둥켜안고
갖은 풍상 함께 한다는 약속

꽃 피는 봄 낙엽 지는 가을
세월의 흐름 뒤에
받아들 이름 연리목
행복한 꿈꾸거라
항상 함께 하거라
아름다운 부부가 되거라

# 로운이 탄생을 축하하며

올봄엔 네가 오려구
모든 꽃들이
바쁘게 서둘렀나 보다

목련꽃 눈부시게 빛나는 날
네가 오려구
겨우 내내 따스했나 보다

알 수 없는 먼 곳에서
네가 오려구
봄도 그렇게 서둘렀나 보다

우리 곁에 네가 오려구
화사한 꽃들이
바쁘게 서둘렀나 보다

꽃향기 넘치는 이 봄
우리에게 찾아온
로운이 탄생을 축하해

　*로운이 : 다섯살박이 손자 이름.

# 그곳에 가면

그곳에 가면
만날 수 있는 사람이 있다
무작정 가서
전화해도
반갑게 식사하고
차 한 잔 나눌 수 있는
마음 넉넉한
지인이 있다

세상은 바삐 돌아가지만
그리운 사람
가슴에 담지만 말고
한 번쯤
무작정 그곳에 가서
만나보는 것도 좋다
그곳에 가면
마음 편한 지인이 있다

> 해설

# 시의 밭을 경작하는 기다림의 미학
### - 심온(心溫) 이호영 시인의 시세계

홍인숙(시인, 대전대학교 외래교수)

## 1. 마음에 소우주를 품다

　시인은 자아의 결핍을 채우기 위해 시를 쓰고, 시를 쓸 수 있기에 스스로를 위로할 수 있는 존재이다. 한 시인의 마음속에 들어 사는 수많은 존재들은 시인의 울음으로 공명하며 세계와 마주한다. 시를 통해 시인을 다 알 수는 없지만 시인을 모르고서야 시의 넓이와 깊이를 다 품어 안을 수 있을까. 그래서 "의도의 오류"와 "감동의 오류"가 공존하는 것이 시를 향유하는 방편이 될 수밖에 없는 게 아닐까. 시인의 최초의 울음은 어떤 경험에서 풀어져 나왔을까 모색하는 일은 한 시인의 시적 세계관을 탐색하는 중요한 대목이기도 하다.

이호영 시인은 성실한 생활인이다. 논산공고 기계과를 졸업하고 종합건설 회사에서 현장 소장으로 정년퇴직하기까지 한 가정의 가장으로서 아내를 사랑하는 남편으로서 좋은 아버지로서 나무랄 것 없이 살아온 썩 괜찮은 사람이다. 급할 것도 막힐 것도 없는 듯 사람 좋은 웃음으로 넘기는 순한 눈빛을 지니고 있지만 가끔 막걸리 한 잔에 스치듯 들려주곤 하는 원가족의 내력은 그가 시인으로 살아갈 수밖에 없는 인간 본연의 슬픔을 유추할 뿐이다. 감당해야 할 무게에 눌려 별빛 쏟아지는 침묵의 밤이면 홀로 짐승의 울음을 우는지도 모른다.

　이호영 시인과 필자가 방송대에서 서로 학연으로 만난 지도 어느새 이십년이 다 되어간다. 우리 모두 늦은 나이에 문학 공부를 한다고 치열했고 대학 졸업 후에는 각자의 삶으로 흩어져 분주했다. 그래도 지금껏 인연의 끈을 놓지 않은 것은 순전히 詩 덕분이다. 이호영 시인이 투박한 현장 일을 하면서도 시적 감수성만큼은 쉽게 따라가지 못할 만큼 태생적인 시인인 것은 일찍감치 대학 시절부터 알아 본 바이다. 오래전부터 퇴직 후에는 제2의 인생을 계획하며 계룡산 기슭에 농막 하나 짓고 안거할 곳을 마련한다더니 드디어 그의 말처럼 하늘을 벗 삼아 유유자적 꽃들과 대화하는 별천지에서 소요유하고 있다하니 그다운 삶이다.

　이호영 시인과는 방송대 시절 몇 가지 추억이 있다. 국문학과 학우들이 학업을 즐기는 몇 가지 연례행사가 있는데

그중 하나가 봄가을 학기에 하루 8시간씩 3일간 꼬박 강의를 듣는 '출석 수업' 후 가지는 뒤풀이자리였다. 동학사 계곡이 단골장소였는데 물가에 차려진 평상 위에서 파전에 동동주며 와글와글 놀다 파장일 즈음이면 한두 명 거나해진 사람이 있곤 했다. 나중에 들어보면 집이 논산인 이호영 시인이 마지막까지 남았다가 새파란 새벽공기를 휘휘 가르며 자전거를 타고 집으로 귀가했다는 전설 같은 이야기는 아직도 즐거운 추억담이다. 사실 이 시인은 자전거로 한반도 종주까지 할 만큼 강인한 사람이다. 하지만 쉽사리 목소리를 높여 자기를 내세우지 않는 외유내강 그 자체라고 할까, 늘 개량한복을 입고 나타나던 기인 같기도 한 그런 친구였다.

  이호영 시인의 시적 출범은 2012년 첫 시집 출간부터이니 어언 시력 십년 이상 지난 중견이기도 하다. 그가 2017년에 두 번째 출간한 시집을 보내왔을 때에도 여전히 독자적인 생활에 변함이 없는 그를 보면서 뒤늦게 등단한 나로서는 같이 문단활동을 하자고 권했으나 그는 큰 관심이 없는 듯 했다. 문학이란 모름지기 독자와 함께 향유하는 것이 중요하지 않겠는가, 시인 자신의 동력을 위해서라도 문단에서 함께 활동하는 것이 좋지 않겠냐는 등 나름대로 열변을 토한 우정의 대화를 숙고했는지 뒤늦게 문학지에 신인상으로 신고식을 하면서 문단에 나온 게 불과 4년 전이다.

  이호영 시인과는 수년 전 뜻을 같이 하는 동문들이 모여 발족한 〈이음문학회〉에서 함께 시를 쓰며 서로 격려하는 사이다. 그의 아호 心溫처럼 따뜻한 마음으로 서로의 예술 세계를 지지하고 격려하며 문학을 향한 쓴 소리도 마다하지 않는 도반의 길을 걷고 있다. 그런 인연으로 이번에 상재하는 세 번째 시집 『벙어리 별』의 발문을 맡게 되니 축하에 앞서 걱정이 한 가득이다. 이호영 시인과 필자와는 다시없는 인연이긴 한 모양이다. 친구만큼 본인의 시를 더 잘 아는 사람이 있겠냐며 여러 번 이야기를 하니 어줍지 않은 시 해설보다는 시인의 사람됨을 먼저 자랑하고 싶은 마음으로 글머리를 잡는다.

  이호영 시인은 꽃을 좋아하는 사람이다. 꽃을 기르고 꽃차를 덖는 섬세한 사람이다. 낚시를 즐기면서도 자전거로 국토종주를 할 만큼 안팎이 균형 잡힌 사람이다. 일과를 마친 뒤 막걸리 한 잔에 진한 낭만을 풀어내는 토종시인이고, 직접 원두를 볶아 향긋한 커피를 즐기면서도 가끔 딸이 맡긴 고양이 때문에 외출이 걱정인 다정한 사람이다. 다부진 마음으로 세상을 품고 온건한 마음을 사람에게 풀어내는 이호영 시인에게는 진솔한 사람 냄새가 묻어난다. 그런 이 시인이 정년퇴직을 준비하면서 오래 계획한 대로 계룡산 산자락에 농막을 짓고 망중한의 생활에서 길어 올린 시편들을 만나는 설렘이 크다.

  이번 시집 『벙어리 별』에 수록된 농막에서의 사계절 시편에는 자연과 일상이 어우러진 생활 속의 경험을 토대로 깊이 있게 성찰하는 가운데 시의 본질에 대한 탐색이 치열했다. 이는 시인이 온힘을 기울여 길어 올린 시의 존재론적인 개화일 것이다. 그가 품고 있는 시의 소우주는 깊고 단단하고 애틋했다. "바짝 엎드려 하늘을 보"는 그의 「봄」이 꽃핀다.

## 2. 어둠 속에 피어나는 시의 역설

시는 경험에서 우러나오는 모든 사유의 언어적 발화이다. 그러나 시는 생각이나 관념을 전달하는 진술이 아니라 경험을 바탕으로 한 서정적 충동을 미적으로 형상화하는 언어예술이다. 이호영의 이번 시에서는 간결한 시편들이 눈에 띈다. 시의 본령에 충실한 시들이 미덕으로 다가온다. 사실 짧은 시 쓰기가 쉬운 것은 아니다. 짧은 시 쓰기는 시인에게 사물의 핵심을 볼 수 있는 시야가 있어야 하고, 고도의 압축이 들어가면서 상상력의 확장이 일어나게 하는 시의 조직력이 관건이기 때문이다.

    사랑한다고
    그 님 기다려
    눈만 깜박깜박
    말 한마디 못 하는
    천상의 벙어리
    무심히 바라보는
    이름 없는 한 개의 별

그대는 모르는 듯
오늘 밤도 애타는
눈짓만 반짝반짝

　　　　　　　　—「벙어리 별」 전문

　별은 어둠 속에서 더욱 빛나는 역설적인 존재이다. 닿을 수 없는 공간에 빛으로 존재하는 별은 높고 외로운 자리에서 말이 없다. 그렇기에 벙어리별일까. 시인은 가족을 떠나 건설현장이 있는 곳에서 생활하다 보니 늘 아내와 자식을 해바라기하는 그리움의 시절을 살아왔다고 고백한 적이 있다. 그 기다림이라는 고독의 시간이 사랑의 씨실과 그리움의 날실로 직조되어 사랑하는 가족들에게 시인의 심정을 말없이 비춰주는 "이름 없는 한 개의 별"이 되었나보다. 돌이켜보면 우리 삶의 모든 소중한 것들은 오랜 기다림으로 완성되어 가는 시간의 산물이다. 그렇게 변하지 않는 오랜 기다림으로 순수한 서정을 향해 언어의 보석을 가꾸는 시인이란 마음에 우주를 품은 존재가 아닐까. 그 시심을 품기까지 스스로를 얼마나 채근하며 숱한 시간을 단련했을까. 그래서인지 시인은 사랑도, 사람과의 관계도, 숙달되는 일에도, 살아가는 동안 만나게 되는 인생의 얼굴들도, 어둠과 소외와 숱한 파고를 거치고서야 비로소 곁을 내주는 존재임을 파악한다. 그 속에서 시인의 길이란 맑고 높은 심상을 모색하며 자발적 외로움을 선택하는 '벙어리 별' 같은 존재로 인식하고 있는 것이다.

먹이 찾아
날갯짓 종일 한
비둘기 어깨는
밤새 누가 주물러주나?
새순 찾아
바삐 뛰어다닌
가냘픈 고라니 발목
누가 찜질해줄까?
한세월
짊어진 어깨
성한 곳 없고
그림자처럼
붙어 사는 통증
섣달그믐 기나긴 밤
시곗바늘 초침 소리는
비수가 되어 똑똑똑

―「멍에」 전문

 신산한 삶을 살아가는 대상들과 동병상련의 아픔을 겪는 시인의 마음이 읽힌다. 잠 못 이루는 시간에 불현듯 바삐 지냈을 비둘기의 하루도 안타깝고 고라니도 염려스럽다. 말 못하는 존재들의 아픔을 함께 보듬어주느라 시인은 불면의 밤이 더욱 무겁다. 두 어깨에 짊어진 세상의 짐이 가득한 밤이다. 시간의 초침은 불가역적으로 흘러가고 통증은 더 크게 느껴진다. 아무도 없는 혼자만의 시간에 세상의 모든 시선은 비수처럼 매몰차게 느껴진다. 홀로 감당해야 하는 세월의 무게이다. 시인은 통증으로 뒤척이는 밤 가운데도 작고 여린 것들에 대한 연민으로 가슴앓이를 한다. 시인은 타인의 슬픔을 같이 아파해주는 '멍에'를 짊어진 존재이다.

> 살갑게 흔들리는
> 바람 서늘한 저녁
> 마실 나온 밤하늘
> 초승달 조각배는
> 귀여운 애기별 함께
> 선미에 불 밝히고
> 서쪽으로 흐른다
> ―「초사흘」 전문

'초사흘 달은 잰 며느리가 본다'는 속담이 있듯 잠깐 떴다가 곧 사라지는 초승달과 벗 삼아 애기별까지 만나는 시인의 부지런한 일상이 선연하다. 바람 서늘한 저녁을 맞는 시인의 하루는 온 하루 부지런히 움직였을 수고의 보상이리라. 힘든 하루를 보낸 서로를 위로하듯 저녁 하늘을 바라보는 시인은 예민한 감각으로 잠깐 스쳐가는 바람의 결도, 아기별의 눈짓도 놓치지 않는다. 함께 마주하며 서로의 하루를 위로하는 섬세한 마음결이 고요하다.

그 고요의 마음을 얻기까지 우연히 지나간 시간은 없었을 것이다. 살갑게 저녁하늘을 바라보기까지 온 하루를 치열하게 살아냈을 통증의 시간들이 있었기에 찰나에 지나가는 저녁 바람의 서늘한 기색도 어루만져줄 수 있는 공감의 마음이 우러날 수 있는 것이다. 그러한 섬세한 감정이 있기에 초승달과 애기별의 아쉬운 만남의 순간에도 불 밝혀주어 안타까운 스러짐의 존재가 아닌 순간의 아름다움에 담담히 흐르게 할 수 있는 것이리라. 그렇게 대상과 조우한 시인의 인식은 작고 여린 사물을 포착하는 연민의 시선으로 동일시되어 "지나가는 바람/길 잃지 않게/대문 밖 등불 밝히"(「석양」)는 존재로 승화된다. 이호영의 시는 어둠 속에서 피어나는 '빛'이 된다.


### 3. 품어, 풀어내야 할 마음의 변주

김우창은 「시인의 보석」에서 "모든 언어는 언어적, 사실적 콘텍스트에 의해 의미를 전달하는 것이나 시는 의미의 콘텍스트 없이 의미를 전달한다. 콘텍스트는 우리의 상상력에 의해 구성되는 것으로서 시는 이러한 상상력의 구상화이다. 시가 짧은 이유이기도 하며 모든 문학 활동은 이 상상력의 자기 확인에 다름이 아니다."라고 말한 바 있다. 그래서 시에서의 여백은 침묵의 간극 안에서 말의 의미로 살아나 상상의 세계를 구성하게 되는 내적원리가 된다. 시인은 많은 것을 말하지 않고도 모든 것을 말하는 존재이며 시적 유토피아를 꿈꾸는 존재이다.

어깨 다독여 줄 형제
　　대둔산은 저만치 멀고
　　홀로 있는 계룡산
　　시퍼렇게 멍든 심사
　　<u>으르렁으르렁</u>
　　바윗돌만 울리며
　　움직일 수 없는
　　어쩔 수 없는 홑 산

　　　　　　　　　　　　　—「외톨이 산」 부분

　시인의 고독은 가장 깊고 무거운 심연에서 올라오는 속울음이다. 보이지 않는 자신만의 주름에 켜켜이 묵혀둔 삶의 조각들이다. 혼자 베이고 혼자 피 흘린다. 누구도 대신 해줄 수 없는 자기와의 대화이다. 그 내밀한 시간 속에서 시인은 수많은 자아와 독대한다. '어깨 다독여줄 형제'는 저만치 멀다. 스스로 유폐된 공간에서 시퍼렇게 멍이 든다. 사방 막힌 어둠에 있지만 외부에서는 거울을 보듯 한 면만 반사되는 고독한 공간, 그래서 '으르렁으르렁 바윗돌만 울리며' 안간힘을 쓴다. 시지포스의 신화를 쓰는 '홑 산, 그래서 '외토리 산'일 수밖에 없는 시인은 어쩔 수 없이 오늘도 시를 향한 돌을 굴리는 고독한 존재일 수밖에 없다.

　　나무라지 마라
　　아직은 하얀 눈이다
　　기세등등했던 겨울

가고 싶어 가는 게 아니다

산꼭대기 북쪽
돌아선 바위 밑
서릿발 날 세운 채
눈물 뚝뚝 흘려도
자투리 땅
그늘진 응달에서
붉게 스러져 가도
아직은 하얀 눈이다

겨울을 밀어내는
따뜻한 봄바람 불어도
찌끄레기일지언정
아직은 하얀 눈이고 싶다

― 「잔설」 전문

 자신이 가고자 하는 인생을 누가 나무라겠는가. 뜻한 대로 굴러가지 않는 세상에서, 가고자하는 길을 마음대로 갈 수 없는 세상에서 제 아무리 "서릿발 날 세운 채 눈물 뚝뚝 흘려도" 세상은 꿈쩍하지 않는다. 기세등등했던 시절이 있었다 한들 아무도 알아주지 않는 세상이다. 그래도 아직은 "하얀 눈"이다. "하얀 눈이고 싶다" 시인은 세상이 알아주지 않아도 세상을 맑게 비추는 불빛 같은 존재이다. 깨끗하고 정결하게 세상을 살아가고 싶은 시인의 자아가 투영되는

「잔설」은 쉽게 포기하지 못하는 시인으로서의 염결성을 잘 나타내주는 작품이다.

> 너를 위해
> 캄캄한 어둠
> 기나긴 동토의 겨울
> 모두 다 견디었다
>
> 눈부신
> 너를 위한
> 단 한 촉
> 겨우내 기다렸다
>
> 머지않은 봄
> 눈 마주쳐 줄
> 샛노란 수선화
> 아리게 보고 싶었다
>
> ―「수선화」 전문

시인에게 자화상은 나르키소스의 우물처럼 자신을 향한 열망으로 한없이 침잠해가는 통과의례의 표상일 것이다. 세상의 눈부심과 빛나는 아름다움을 향해 끝없이 천착해나가는 비루한 현실과의 길항, 그것이 시인이 감당해나가야 할 창과 방패 같은 모순이다. 자신의 아름다움을 향해 한 송이 수선화 꽃으로 승화되어 영원한 슬픔의 박제가 돼버린 나르키소스의 신화는 예술의 표현론적 관점에서 타당성을 구인한다. 모든 시인들은 아름다움에 매료되어 일생을 눈 멀어 살아가는 존재들이다. 그 백일몽의 매순간을 견디는 힘은 자기애의 강렬한 빛의 자장에 있다. '동토의 겨울'을 견디는 힘은 '단 한 촉' '눈 마주쳐 줄' 너라는 존재 때문이다. 너는 꽃이어도 좋고 아니어도 좋다. '아리게 보고 싶'은 시인의 '눈부신' 마음이 피워내는 나만의 '수선화'이기 때문인 것이다.


### 4. 높고 지극한 기다림으로

시인은 「농막에서」 연작시 일곱 편을 통해 자전적 일상을 담담히 풀어내고 있다. 분주하게 살아왔던 일상의 반성을 통해 새로운 마음으로 삶의 밭을 가꾸고자 맑고 밝은 심상을 드러내는 연작시편들이다. 이호영 시인은 현재도 생활의 전선에서 치열한 삶을 살아간다. 덕분에 오랜 현장생활과 몸을 아끼지 않는 성실함만큼 온몸에 찾아온 불청객 통증과의 사투를 벌이는 날이 허다하다. 예약 된 병원 일정을 따라 다니느라 시간을 쪼개어 사는 삶 가운데 태어난 시는 그의 존재 증명이 되어 줄 것이다.

알다시피 시는 인식의 언어적 형상화이다. 날것의 감정이 여과되지 않은 시는 푸념에 불과할 것이다. 이호영의 시는 그 아슬아슬한 간극을 줄타기한다. 아직 풀어내고 싶은 이야깃거리가 많아서이리라. 아니 외로워서이리라. 그 간극을 미적 개성화로 메워나가기를 바라는 마음으로 그의 시를 읽어나간다. 시인은 저녁참까지 풀매는 일에 시간이 가는 줄도 몰랐나보다. 꽃도 가꾸고 한 귀퉁이에는 채소도 심고, 새롭게 시작한 일에 열중했던 마음을 오롯이 품은 채 시 짓는 시간 속으로 들어가는 시인의 모습이 그려진다.

>저녁 한 걸음
>고추밭 풀매다
>바라본 하늘
>아차차!
>놓쳐버린 초승달
>산 넘어 떨어졌고
>구경하던 고양이
>게으른 하품 한다
>오늘도 텃밭에서
>충분히 놀았으니
>그대에게 소식 한 줄
>연필 한번 잡아 볼까나
>―「농막에서1」 전문

 시인은 마음 밭을 경작하는 사유의 존재이다. 또한 시인의 자아와 마주친 대상 세계와의 경험에서 깨우친 사유를 풀어내기 위해 언어를 사용하는 존재이다. 시인은 창작 과정에서 가장 적확한 시어를 구사하기 위해 골몰하며 머리를 싸매게 된다. 「농막에서1」에서 이호영 시인은 자연의 대상과 합일하는 과정을 묘사한다.

"고추밭 풀매다" "아차차! 놓쳐버린 초승달"에서 시인은 '고추밭'이라고 하는 수평적 공간을 '하늘'이라는 수직적 공간과 대비시킨다. 이때 시인이 '연필' 한 번 잡는 행위는 일상의 공간에서 예술을 향한 초월적 공간으로 이동하게 되는 매개를 나타낸다. 이때의 초월적 공간은 "농막"이라는 상징성을 거느리면서 시인의 창작공간이 되는 것이다.

한편 배경의 대상으로서 "구경하던 고양이"가 "게으른 하품"으로 화자의 시선에 들어오게 되면서 전경으로 배치되는 구조를 만들어낸다. 이러한 태도는 소외되는 존재 없이 자연과 만물이 어우러지는 합일의 정신을 제시한다. 시인은 모두가 화합하는 공간인 '텃밭'에서 충분히 놀았으니 이제 "연필 한 번 잡아 볼까나"라는 청유형으로 마치 한바탕 놀이라도 할 듯이 독자를 초청하는 여유를 보인다. 이는 시간에 초조히 이끌리는 것이 아니라 자연스럽게 자연의 시간에 동화되는 시인의 태도를 보여주면서 자연과 하나로 연결되는 조화로운 관계를 표방하게 된다.

    걸어온 길 뒤 돌아보며
    낮에는 꽃과 채소 가꾸고
    밤에는 조촐한 반주 한잔의
    여유로운 일상
    자그마한 나의 마음 밭(心田)에
    오늘 밤도 별은 총총히 뜨고

기러기 나는 하늘
가을이 오는 길목에서
살가운 바람은
더없이 부드럽다
―「농막에서2」 부분

앞뒤 돌아볼 새 없이 가족을 위해 살아가는 일생은 평범한 누구나 마주하며 살아가는 인생이다. 그 가운데에서도 세계의 아름다움을 발견하고자 돌아보고 그 아름다움을 언어로 그려보고자 애쓰는 것이 시인으로 태어난 이유일 것이다. 걸어온 길을 돌아보는 반성적 행위는 사람만이 할 수 있는 고도의 정신운동이다. 쉼 없이 걸어온 걸음에서 한발 더 나아가기 위한 잠시 멈춤은 나 자신의 인생 좌표를 재점검하는 시간으로서 의미 있게 다가온다. 맹목에서 지혜로 돌이킬 수 있는 기회를 부여하고 시야를 넓힐 수 있는 안목을 얻게 할 것이다. 이호영 시인은 그러한 삶의 지혜를 일찍이 터득했던 것 같다.

「농막에서3」에서 "산을 좋아했던 마음/미리부터 준비한 계룡산 밑/아담한 산골 살기를 시작했다"는 시인은 한편으로는 "서투른 농사꾼이/일찍 심은 고추모에/늦게 찾아온 서리가/냉해를 입히고 갔다"(「농막에서4」)면서 초보 농사꾼다운 실패의 시간을 풀어놓는다. 마치 숱한 날을 백지와의 고투에서 파지로 날아가는 시와의 '애살이'가 상상이 되는 시인의 일상을 노래한다.

마음의 때를 벗으려
신원사에 들렀지
사천왕상 앞
속세에서 묻은
티끌과 잡념 벗어놓고
절 마당 돌탑
한 바퀴 돌며
질긴 인연의 끈
던져버렸다
(중략)
티 한 점 없는 맑은 하늘
번뇌는 사치스럽더이다

―「마실」 부분

  우리가 살아가다보면 수없는 마음이 회오리치는 순간을 만나곤 한다. 어제가 오늘의 발목을 잡고, 오지 않은 내일이 오늘의 덜미를 잡기도 한다. 그럴 때마다 자신의 종교에 의지하기도 하고 마음챙김을 통해 스스로를 단련하기도 한다. 감정을 제어하지 못해 사고를 칠 수도 있다. 후회하고 다시 미련하게 반복하기도 한다. 다 용서해도 나 자신을 용서하지 못해 고통을 겪기도 한다. 미워할 존재가 왜 그렇게 늘어나는지 마음 판을 다려도 다시 구겨지는 삶 속에서 무력한 인간 존재의 한계를 안타까워한다. 그런 것이 인생이다.

시인은 농막 근처 가까운 신원사에 가서 "질긴 인연을 끈을 던져버렸다고"고 했다. 그런데 뭔가. 마음의 때를 벗고 싶어서 찾아간 절인데 시인은 「마실」 갔다는 것이다. 아마도 '내 얘기 좀 들어주겠소' 약수 한 잔 마실 참에 이런저런 이야기로 먼지나 털고 돌아서려 했나보다. 그런데 문득 "티 없는 맑은 하늘"을 바라보니 스스로 부끄러워져 그간의 번뇌라는 것조차 "사치스러운" 내 안의 또 다른 '나'라는 것을 깨달은 것이 아니었을까.

시인의 깨달음은 서로의 "길 잃지 않게/대문 밖 등불 밝히"(「석양」)는 행위로 이어지고 그렇게 새로운 터에서 경험하는 시간 속에서 "그다지 다를 것 없는/오늘의 아침/바쁠 것 없는/느린 자유"(「농막에서6」)를 만끽하는 자연과의 소통을 통해 자연의 순환적인 시간의 지혜를 배운다. 시인은 마침내 "석양을 어깨에 메고/한 잔의 술을 마시노라/삼배통대도 일두합자연"(「농막에서7」)하며 스스로 자연과 합치하는 자신을 발견하고 있는 것이다. 세상을 있는 그대로 사랑하는 힘은 자연에서 배우는 변화무쌍한 항상성과 질서를 유지하는 순환성에 있다. 이렇게 시와 함께 한 몸이 되어가는 시인의 일상이 「농막에서」 7편의 연작시에 오롯이 담겨있다.

### 5. 시를 경작하는 새로운 개성

 프로이트는 "모든 인간 속에는 시인이 숨어 있고 마지막 인간이 사라질 때 마지막 시인도 사라진다"(「작가와 몽상」)고 한다. 누구나 시인으로서의 잠재적 가능성이 있다고 할 수 있겠다. 우리는 언제부터 시를 쓰기 시작했을까. 자신만의 언어를 찾아가는 시인에게 시란 자신의 세계를 창조하는 유토피아의 또 다른 얼굴이다. 이호영 시인에게 시는 「사랑」 그 자체이다. 마음대로 들어와서 똬리를 튼 존재, 평생 같이 갈 시인의 '업'이다.

> 눈 감으면 어른거리고
> 걷노라면 뒤따라오고
> 이고 지고 안고
> 평생 보듬어야 할 업
>
> —「사랑」 전문

 이호영 시인의 시를 향한 일념은 "오늘 마구 밟힌 인생"이지만 "꿈꾸는 아침엔/여린 새파란 잎"으로 생명의 모진 채찍질에도/꿋꿋이 버텨낸 세월"의 동력이 되었고 "함께 걸은 평생의 그림자"(「그림자」)가 되어준 애인 같은 존재이다. 시를 향한 날갯짓은 그의 몸 안으로 몸 밖으로 쉼 없이 변주된다. 그에게 시란 다가올 듯 멀어질 듯 늘 애달프고 그리운 평생의 애인이다. 불새 한 마리 가슴에 담은 그는 바야흐로 시를 안고, 앓고 있는 중이다.

새들은 포란을 위해
　　가슴에 깃털을 뽑는다
　　오래전부터 가슴엔
　　뜨거운 불새 한 마리
　　둥지 틀어 살고 있어
　　깃털 하나 없는 민둥산
　　그대만 보면 뜨거운 날갯짓
　　　　　　　　　　―「중병(重病)」 부분

　오호라! 시인이 '중병'에 들었다. 그렇다. 세상에 쉽게 얻어지는 것은 없다. 내는 소리가 크지 않다 하여 품은 뜻이 적은 것은 아니다. 시인은 숱한 적막 속에서 "밤새 불 밝혀놓고/기다려도/내 마음 흔드는/바람만 오고 가고/님 오지 않는" 밤, 그 "밤하늘마저 시간을 잊"(「일상의 밤」)은 절대 고독의 시간을 몸으로 헤아려 온다. 그 많은 사유의 시간을 건너는 일은 "깃털 하나 없는 민둥산"처럼 희생적 삶을 살아온 어둠과 부재의 시간들이다. 그러나 시를 향한 일성은 "그대만 보면 뜨거운 날갯짓"을 멈추지 못하는 "불새" 같은 꿈을 꾸는 시인일 수밖에 없는 운명을 예감한다. 그야말로 중병이 아닐 수 없다.

　　낮은 밤을 잉태하고
　　밤은 낮을 만들었다
　　마당 한 귀퉁이

달빛 내리는 닭장엔
밤새 먹이를 쪼으는
부산한 암탉
그래도
천리를 깨우친 수탉은
새벽을 알리느라
꼬기요오오오!

—「본능」 전문

이호영 시인은 이참에 갈 길을 정했나보다. '천리를 깨우친 수탉은' 새벽을 알려야 하는 존재인 것이다. 시를 향해 시를 위해 살아갈 운명인 것을 예감한 시인은 마음속에 사는 '불새'의 음성을 듣는다. 본능임을 예견한 시인의 불꽃이「중병」인 것을 어찌 모르겠는가. 그러니 스스로에게도 "그 길을 나서며 "나무라지 마라"(「잔설」) 그리고 "돌아보지 마시게"(「회한」) "한번쯤/무작정 그곳에 가서/만나보는 것도 좋다"(「그곳에 가면」)고 스스로를 다잡고 있지 않은가. 어차피 이번 생은 시인으로 가는 것이다. 겨우내 기다려 맞이하는 봄! 시인은 "춤추는 붓"이고 싶은 것이다.

캄캄한 어둠 속
겨우내 기다렸다

먹 가는 소리
화선지 한 장

엉금엉금
여기저기 새 순

돋아나는
아차! 봄이로구나

화선지 한 폭
춤추는 붓

─「봄(知海)에게」전문

　지해(知海)는 이호영 시인의 오랜 친구인 한문 선생이다. 「봄(知海)에게」는 시인의 첫 시집에서 한역을 맡아주었던 막역지우 지해 선생에게 보내는 편지이다. 어두운 곳에서 침묵으로 기다리며 새순을 자라게 하는 부드러운 흙의 풀림, 시인으로서의 행보를 친구에게 전하는 마음이 "화선지 한 폭, 춤추는 붓"이라니, 지음이 이곳에 있구나 싶다.
　살아가는 일은 결코 녹록지 않다. 시를 쓰며 살아가는 일은 더욱 그러하다. 그러나 "사로잡힌 영혼/그대 때문에/밤을 잊었다"(「커피」)는 이호영 시인의 詩作은 뜨겁다. "불새"를 품었다. 그러나 "말 한마디 못하는 천상의 벙어리 별"처럼 "그대 창가 마주보고 선 채 뿌리내린 그리움"(「가로등2」)으로 '저 만치' 주춤거리는 망설임이 있다. 무엇 때문일까. 내 것을 내 것이라 악착같이 살아내지 못한 이호영 시인의 따뜻한 심성이 본능을 억제해온 삶의 표면이 아닐까 싶다. 이면에 끓어오르는 생의 지향점, 그 두 지점이 절묘하게 접선하는 시의 미학을 기다려본다.

 글을 마무리 하면서 이번 세 번째 시집은 이전의 시집과 다르게 그가 시어 하나하나에 골몰하면서 자신만의 시 세계를 이루고자 고심한 것이 느껴지는 대목이 오롯하다. 특히 사계절의 순환을 관찰하고 자연과 가까이 생활하며 얻어진 경험이 시인의 정서와 합일되면서 표현된 맑은 심상의 시편들은 독자들에게 세상을 있는 그대로 볼 수 있는 감수성으로 시를 읽는 즐거움에 동참하게 할 것이다. 곧이어 새로운 개성으로 만나볼 네 번째 시집이 벌써 기다려진다. 친구의 시집 발문을 쓰는 일은 결코 쉽지 않은 일이었다. 아차! 이런!

이든시인선 146
# 벙어리 별
ⓒ 이호영, 2024

| | |
|---|---|
| **발행일** | 2024년 10월 10일 |
| **지은이** | 이호영 |
| **발행인** | 이영옥 |
| **펴 낸 곳** | 도서출판 이든북 |
| **출판등록** | 제2001-000003호 |
| **주　　소** | 대전광역시 동구 중앙로 193번길 73 |
| **전화번호** | (042)222-2536 | 팩스(042)222-2530 |
| **전자우편** | eden-book@daum.net |
| **카　페** | https://cafe.daum.net/eden-book |
| **공 급 처** | 한국출판협동조합 |
| | 전화 (02)716-5616　(031)944-8234~6 |

ISBN 979-11-6701-310-1 (03810)
값 11,000원

\* 이 책의 판권은 지은이와 이든북에 있습니다.
\* 이 책 내용의 전부 또는 일부를 재사용하려면 반드시
　양측에 서면 동의를 받아야 합니다.